So gehts:

Teile ausschneiden
falten
einschneiden
kleben

Du brauchst:

Schere
Kleber

So gehts:

Teile ausschneiden

falten

einschneiden

kleben

Du brauchst:

Schere

Kleber

So gehts:

Teile ausschneiden

falten

einschneiden

kleben

Du brauchst:

Schere

Kleber

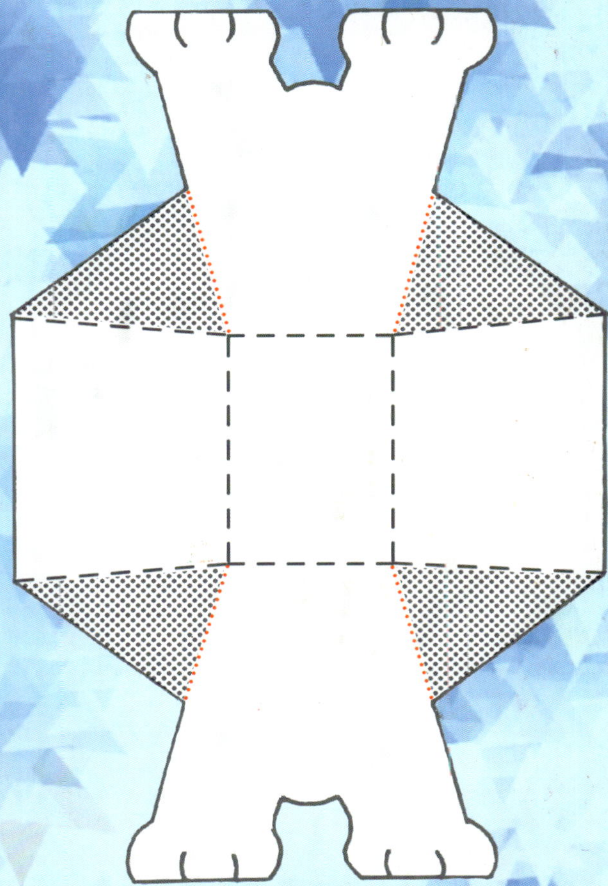

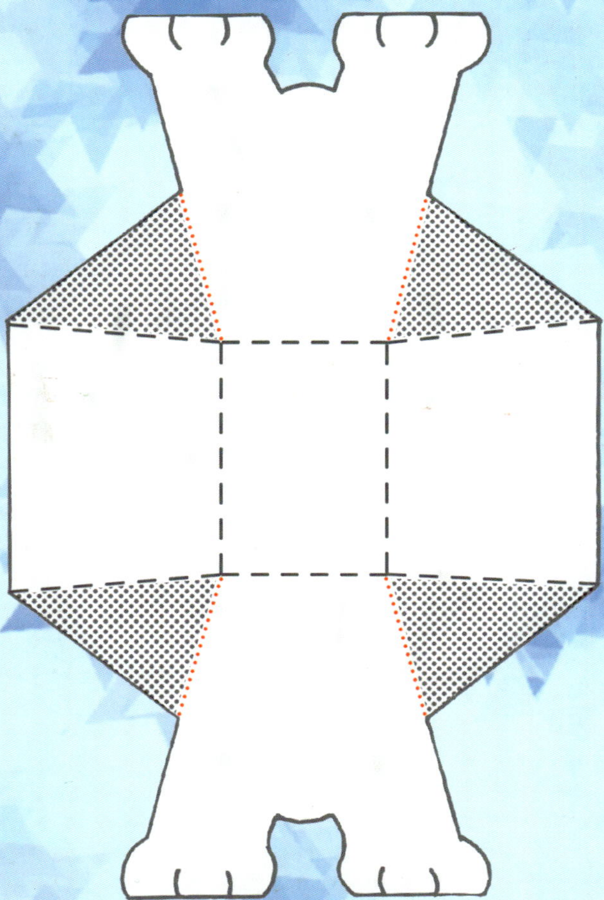

So gehts:

Teile ausschneiden.
Weiße Teile ausmalen, wie auf der Abbildung zu sehen.

Du brauchst:

- Schere
- Stifte

So gehts:

Teile ausschneiden.
Wünsche aufschreiben.

Du brauchst:

- Schere
- Stift

So gehts:

Teile ausschneiden

einschneiden

kleben

Du brauchst:

Schere

Kleber

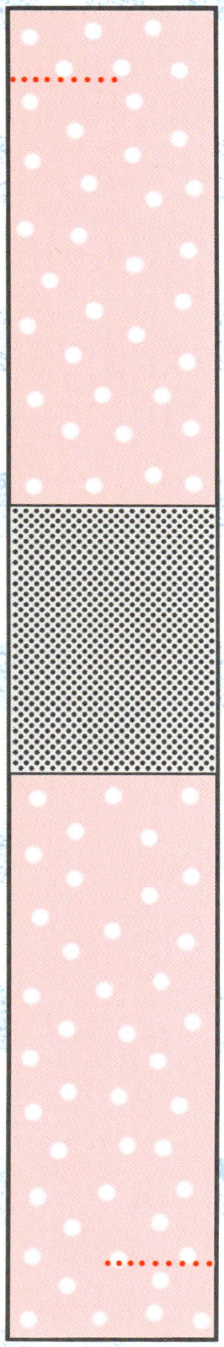

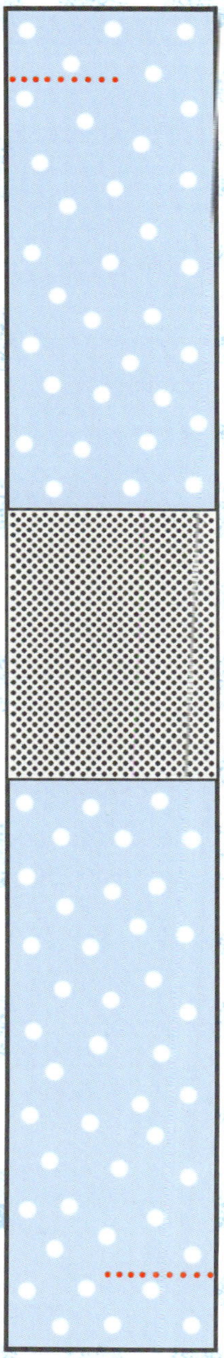

So gehts:

Teile ausschneiden

einschneiden

kleben

Du brauchst:

Schere

Kleber

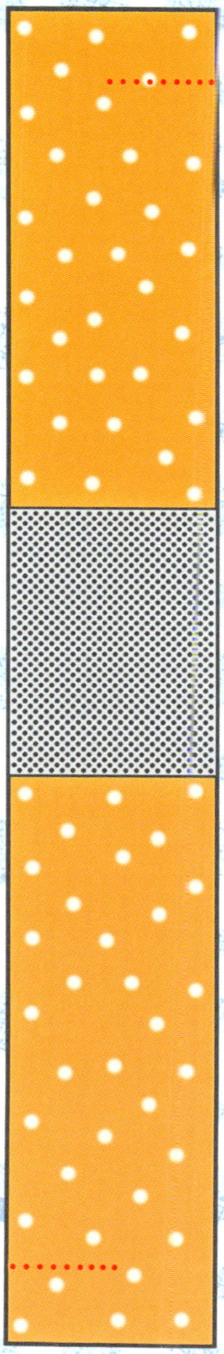

So gehts:

Teile ausschneiden
- - - falten
······· einschneiden
▩ kleben

Du brauchst:

Schere
Kleber

So gehts:

Teile ausschneiden
- - - falten
kleben

Du brauchst:

Schere
Kleber

So gehts:
Teile ausschneiden
- - - falten
(gepunktete Fläche) kleben

Du brauchst:
Schere
Kleber

So gehts:

Teile ausschneiden. Die Lebkuchen mit einer Schnur untereinander knoten.

Du brauchst:

✂ Schere

So gehts:	Du brauchst:
Teile ausschneiden	Schere
kleben	Kleber

So gehts:

Teile ausschneiden

kleben

Du brauchst:

Schere

Kleber

So gehts:

Die Seite heraustrennen und die Krippe anmalen.

Du brauchst:

Stifte